भक्ति अपनी अपनी

आशुतोष 'अनपढ़'

Made with ♥ on the Notion Press Platform
www.notionpress.com

बड़े भाई पुनर्वसु व्यास

की पावन स्मृति में

क्रम-सूची

रामायण मेरी नजर से

1. राम गीत

सोचता हूं आज कुछ गीत राम पर लिखू
काव्य सारे वार अपने छन्द राम पे लिखूं
राम एक मनुज नहीं है राम एक धाम है
राम पे क्या गीत गाऊ राम स्वयं काव्य है ।१।
कौशल्या के पुत्र राम दशरथ नन्दन श्री राम है
गुरु वशिष्ठ के शिष्य राम, विश्वामित्र के राम है
तोड़ा जो शिव धनुष क्रोधित परशुराम के भी राम है
है जनक के जमाता राम जानकी के राम है ।२।
तात का वचन निभाते पितृभक्त राम है
लक्ष्मण से अनुज के अग्रज श्री राम है
सिया के साथ जाते वन को श्री राम है
बनने वाले थे राजा अब वनवासी राम है ।३।
केवट के मित्र राम, अहिल्या के राम है
झूठे शबरी के बेर खाते भक्तो के राम है
पत्नी की हठ से हारे सिया के राम है
रावण ने हरली सिया, मृग को ढूंढ रहे राम है ।४।
बाली को मारा मित्र सुग्रीव के राम है
भक्तो में भक्त वीर हनुमंता के राम है
सागर पाषाण तारे, पत्थर पे राम है
लंका के द्वार पहुंचे संग सेना के राम है।५।
रावण संहार लंका जीत गए राम है
विभीषण को देदी लंका दानवीर राम है
अग्नि से निकली सीता प्रफुल्लित श्री राम है
पुष्पक में बैठ अयोध्या जाते श्री राम है ।६।
जगमग है आज अयोध्या आते श्री राम है

देखके दीपों की माला गदगद श्री राम है
जो कल तक थी सुनी नगरी आज अयोध्या धाम है
गूंज रहा दसों दिशा में जय जय श्री राम है ।७।
------ आशुतोष ' अनपढ़ ' -------

2. सियाराम

वाल्मीकि ने था रच डाला, रामायण कर तुम्हे प्रणाम
मै भी कुछ लिखना चाहता हूं, करके पहले तुम्हे प्रणाम
कौशल्या से जन्म लिया था, दशरथ नंदन बालक राम
गुरु वशिष्ठ से विद्या पाकर, राजकुमार बन लौटे राम ।१।
पहुंचे राम जनकपुरी मै, संग मै विश्वामित्र और लक्ष्मण
एक झलक में जनकसुता ने, उन पर हार दिया अपना मन
जो हारे मन श्री चरणों में, फिर कैसे कुछ और है होना
शिव के धनुष को ऐसे तोड़ा, मानो हो वो कोई खिलौना
जनकपुरी में गूंज उठा था, उस शुभ शाम एक ही नाम
जय श्री राम, जय श्री राम ।२।
लेकर फेरे जनकसुता से, पहुंचे राम सास के पास
बोली मां रख सर पर हाथ, रहना सदा सिया के साथ
मंद मंद मन में मुस्काए, बोले सास से तब रघुनाथ
संग का वचन ना दे पाऊंगा, लेकिन देता वचन एक राम
मत कर चिंता मेरी माता, नहीं है जग में अब कोई राम
ये मुझसे आगे सदा रहेगी, राम आज से है सियाराम
जय सियाराम, बोलो जय सियाराम ।३।
------ आशुतोष ' अनपढ़ ' -------

3. सीता हनुमान संवाद

पहुंचे थे वो अशोक वाटिका, दर्शन करने माता के
मुरझाई सी बैठी थी वो, हरी भरी उस बगिया मै
गंगा जैसा पावन चित्त था, अंखियों से बहते आंसू थे
देख के उनको उस हालत में, छुपकर रोए हनुमन थे ।१।
देखके माता ना डर जाएं, लघु रूप किया था हनुमन ने
कूद वृक्ष से नीचे सनमूख प्रगट हुए मा सिता के
हाथ जोड़ कर बोले हनुमन, दूत है वो प्रभू रघुवर के
सीता को यूं देख रहे थे, ज्यों बिछड़ा बालक मिलता माता से।२।
हाथ जोड़कर बोले हनुमन तुम व्याकुल ना होना माता
मै दूत राम का आया हूं और कुशल संदेशा लाया हूं
कुशल राम है कुशल है हम सब कुशल अनुज लक्ष्मण भ्राता
प्रभु रावण का नाश करेंगे ये संदेश सुनाने आया हूं । ३।
आज्ञा दो अब मुझको माता, करलू भोजन हूं मै भूखा
दूत राम का वानर कुल का, भूख बढ़ी जब फल को देखा
जो भी फल के बीच मै आया, यम से उसको था मिलवाया
और हार के मेघनाद से, ब्रहम अस्त्र का मान बढ़ाया ।४।
एक वानर दरबार में आया, लंका में कोतहूल था छाया
पूंछ में इसके आग लगा दो रावण ने आदेश सुनाया
रावण ने आदेश सुनाया, घर खुदका खुद ही जलवाया
एक विभीषण का घर छोड़ा, शेष सभी स्वाहा कर डाला ।५।
पूरी लंका दहन कर हनुमन मिलने पहुंचे सीता को
अब आज्ञा मुझको दे दो माँ, जा सुनाऊं संदेशा रघुवर को
कुछ दो निशानी मुझको अपनी, जा दिखाऊं जिसे में रघुवर को
उतार दिया चूड़ामणि झटसे सौंप दिया वो हनुमान को ।6।
हनुमान से बोली माता, तुमने मेरी पीर हरी

जिन आंखों से बहते आंसू, उनमें फिर से आस जगी
देती हूं आशीष वचन, अजर अमर वरदान तुम्हे
शत्रु भूत प्रेत निशाचर, तुमसे मांगे प्राण अभय ।7।
------ आशुतोष ' अनपढ़ ' -------

जिन आंखों से बहते आंसू, उनमें फिर से आस जगी
देती हूं आशीष वचन, अजर अमर वरदान तुम्हे
शत्रु भूत प्रेत निशाचर, तुमसे मांगे प्राण अभय ।7।
------ आशुतोष ' अनपढ़ ' -------

4. अग्निपरीक्षा

श्री राम ने जीती लंका, मन भीतर से हर्षित था
अब और विरह ना करना होगा, अब सिया से मिलना होगा,
लक्ष्मण से जो जा के बोले, वाक्य ये उनका पहला था
अथाह खुशी थी उनको लेकिन, प्रभु लीला को तो होना था ।१।
यही खबर जब मिली सिया को, मन उनका भी प्रफुल्लित था
लेकिन शायद प्रभूलीला का, उनको कुछ आभाष ना था
दौड़ी दौड़ी आई बाहर, दर्शन को आतुर मन था
लेकिन उनके बीच वहां पर, लोगो का कोलाहल था ।२।
लोग वहां पर बोल रहे थे, श्री राम क्यों इतने निष्ठुर है
इतनी कोमल काया को कोई, क्या अग्नि में जाने देता है
तब बोली थी सीता मन में,
जो निष्ठुर हो जाए कभी वो , राम नहीं हो सकता है
अग्निपरीक्षा नहीं राम की, ये कोई जीवन शिक्षा है ।२।
मन ही मन कर उन्हें प्रणाम, सीताजी ने कदम बढ़ाए
विरह अग्र में जो जल जाए, अग्नि उसका क्या कर पाए
विरह अग्र से ज्वलनशील तो अग्नि कोई हो ना पाई
देखो मेरी सीता को तुम, कैसे हस्ते हस्ते बाहर आई ।३।
संग में रहना सदा प्रिया के, उसको कभी अलग ना करना
जीना मरना साथ में करना, सुख दुख सारे साथ में सहना
कभी रूठना,कभी मनाना, लेकिन कभी जुदा ना होना
राम के जैसा शिक्षक शायद, इस धरती पर कोई और ना होना।४।
------ आशुतोष ' अनपढ़ ' -------

5. वनवास

प्रश्न है उठता राम चरित्र पर, क्यू सीता को वनवास दिया
थोड़ा झांक के देखो अंदर, सीता बसती राम के अंदर
जो कष्ट सिया ने भोगे वन में राम ने घर मे भोगे थे
सीता के ही संग राम ने सुख साधन सब छोड़े थे ।१।
जो सीता सोती धरती पर, क्या राम चैन से सोते थे
वो कुएं से लाती पानी, राम आंख में लाते थे
लेकिन अपनी आंख के आंसू राम दिखा ना पाते थे
सीता के हर कष्ट में वन में, राम सदा सहभागी थे ।२।
जो सीता की खातिर जाकर रावण से लड़ जाते है
जो सागर के जल को सुखाने को आतुर हो जाते है
जो पत्नी के कारण जल पे पत्थर को तैराते है
पति राम सिया को वन भेजेंगे, कैसे मान हम जाते है ।३।
जब लोगो ने प्रश्न उठाए, राजा मना नहीं कर पाए
सीता तो मन में बसती है राजा तो जन से बनते है
सीता को वन देने वाले पति नहीं थे राजा थे
राजा राम राजधर्म में, सीता को सजा सुनाते है
परिवार को कष्ट दिया और जनता को आदर्श सिखाए
इसीलिए तो मेरे रघुवर, पुरुषोतम श्री राम कहाए ।४।
----- आशुतोष ' अनपढ़ ' ------

6. मा

दो बालक और शत कोटि सेना
युद्ध था जैसे खेल खिलौना
हारे लक्ष्मण, हारे हनुमन
हारे भरत, शत्रुघ्न हारे
युद्ध भूमि में स्वयं पधारे
परम पूज्य श्री राम हमारे ।१।
पुत्रों को ही ना पहचाने
जो वार करे तो पुत्र को हारे
ना वार करे तो पुत्र से हारे
विचित्र बड़ी थी प्रभु की माया
राम ने तब शिव ध्यान लगाया ।२।
शिव शंकर ने ये समझाया
कष्ट हुआ है इनकी मा को
भटक रही वो वन उपवन को
मा का बदला बालक लेंगे
और पिता से प्रश्न करेंगे ।३।
तुमने त्यागा इनकी मा को
इसका ही ये दंड है रघुवर
जो पूरे जग का भार उठाए
उसके बालक उसपर शस्त्र उठाए
ये युद्ध नहीं है ये है माया
बात बसे ये हर कण कण में
मा से बड़ा ना कोई जग में ।३।
----- आशुतोष ' अनपढ़ ' ------

7. उलाहना

गुरु ने हमको था बतलाया, तुम्हे हमारा तात बताया
गुरु की आज्ञा कैसे टाले, लेकिन तुमको अपना कैसे माने
जिसने कष्ट दिया हो मां को, उसका कैसे हम सम्मान करे
जिसको कहती दुनिया भगवन, कैसे हम भगवान कहे ।१।
शिव धनुष को तोड़ा तुमने, मां से ब्याह रचाया तुमने
जब जाना था वन में तुमको, पत्नी धर्म निभाया उसने
लेकिन रावण वध की खातिर, मां को वन में त्यागा तुमने
अपना कर्म निभाने को, अपना फर्ज भूलाया तुमने
माना तुमने जीती लंका, पर पुत्रों को हारा तुमने
मां की व्यथा सुनी हो जिसने, वो कैसे अब सम्मान करे
जिसको कहती दुनिया भगवन, कैसे हम भगवान कहे ।२।
उसको पावन सिद्ध करने को, अग्नि पर उसको चलवाया
एक व्यक्ति ने क्या कुछ बोला, तुमने मां को त्यगा दिया
मां ने चाहे माफ किया हो, हम कैसे तुमको माफ करे
जिसको कहती दुनिया भगवन, कैसे हम भगवान कहे ।३।
सारी पृथ्वी जीती तुमने, चक्रवर्ती सम्राट तुम्ही हो
सारे सुख और भोग तुम्हीसे , सोने की लंका भी तुमसे
याद है क्या दो नन्हे बालक, वन में जो टकराए तुमसे
मां का हाथ है जिनके सर पे , देवी सिया के बालक हम है
माता के आशीर्वचनों से, हारे तुम और जीते हम है
जिसकी सेना हमसे हारी, उसको कैसे चक्रवर्ती सम्राट कहें
जिसको कहती दुनिया भगवन, कैसे हम भगवान कहे ।४।
मां ने ओढ़ा धरती मां को, तुमने जल को थाम लिया
जब हमको अपनाना था तब, तुमने जीवन त्याग दिया
जो हमको मंझधार में त्यागे, उसका कैसे हम सम्मान करें

जिसको कहती दुनिया भगवन, कैसे हम भगवान कहे ।५।

----- आशुतोष ' अनपढ़ ' ------

जिसको कहती दुनिया भगवन, कैसे हम भगवान कहे ।५।

----- आशुतोष ' अनपढ़ ' ------

महाभारत मेरी नजर से

8. गीता- सार

एक तरफ है कौरव सारे, एक तरफ है पांडव गण
शत कोटि सेना खड़ी हुई है, कुरुक्षेत्र की धरती पर
बन सारथी अर्जुन के, पहुंचे है श्री कृष्ण स्वयम
रणभेरी से गूंज उठे है, भूतल और पाताल गगन ।१।
अर्जुन ने डाली है दृष्टी अब कौरव की सेना पर
दुर्बुद्धी दुर्योधन के संग सभी खड़े है बंधुगण
गुरु द्रोण खड़े है खड़ा कर्ण है खड़े पितामह अपने है
कैसे इनपे बाण चलाए, प्रश्न ये उसके मन में है ।२।
गांडीव छोड़कर हाथ से नीचे, बैठा अर्जुन रथ के पीछे
जहा जहा भी दृष्टि डालू, सब दिखते है मुझको अपने
तुम्ही बताओ है मुरलीधर, कैसे इनपर बाण चलाऊ
इनपर बाण चलाऊं उससे, पहले क्यों ना मै मर जाऊ ।३।
है धनुर्धर, है कुंतिपुत्र, है पार्थ, है अर्जुन सुनले
जो उस ओर खड़ा हो रणभूमि में, वो केवल शत्रु होता है
और शत्रु मर्दन रणभूमि में, हर क्षत्रिय का कर्तव्य होता है
तू केवल अपने कर्म को करले गांडीव पुनः तु धारण करले ।४।
-----आशुतोष -----

कर्म है जीवन कर्म है मृत्यु, नहीं बिना कर्म कोई जी सकता है
कर्म त्याग कर कोई भी नर, नहीं सफलता पा सकता है
राग द्वेष और प्रेम पाश की सभी इन्द्रियां वश में करके
तू भी अपने कर्म को करले , गांडीव पुनः तु धारण करले ।५।
है धनुर्धर, है कुंतिपुत्र, है पार्थ, है अर्जुन सुनले
मुझको अर्पण करदे सब कर्मोंको, सब संशय का नाश तु करले
अज्ञान बसा जो हृदय में तेरे, विवेकज्ञान से उसको हरले
आ कर्मयोग की मुद्रा में और गांडीव पुनः तु धारण करले ।६।

इंद्रियजीत बन मन को भी तु पहले अपने वश में करले

कीचड़ में ज्यू कमल खिले है, तु वैसा अपना जीवन करले

काम क्रोध और लोभ मोह को, त्याग के मनमे मुझको रखले

और योगी बनकर कर्मभूमि में गांडीव पुनः तु धारण करले ।७।

है मुरलीधर है बंशीधर है कृष्ण और है गोपाला

कौन मित्र और कौन है शत्रु, कौन है योगी कौन सन्यासी

मन मेरा हैं नठखठ चंचल, कैसे तुममें इसे लगाऊं

संशय बहुत है मन में मेरे, तुम बिन कैसे इन्हें मिटाऊ ।८।

-----आशुतोष -----

वैराग्य और अभ्यास से ही बस, चंचल मन वश मै होता है

जो मन को वश में रखता है, मित्र स्वयं का वो होता है

मन जिस पर हावी रहता है, वो अपना ही शत्रु होता है

जो खुद को मित्र बना लेता है, उसके मन में कृष्ण बसा होता है ।९।

है अर्जुन और है कुंतीपुत्र मै कौन हूं मुझसे सुनले

मै प्रलय हूं, मै निर्माण,मै ही जगत का हूं आधार

मै ही जल हूं, मै पवन हूं, मै सूर्य हूं मै चन्द्र हूं

मै वेद हूं मै गगन हूं, मै पुरुषों में पुरुष तत्व हूं ।१०।

मै गंध हूं, मै अग्नि हूं, सभी तपो का मै ही तप हूं

मै बुद्धि हूं, मै तेज हूं, मै शास्त्र और मै ही बल हूं

कर्म को अपने करता रह तु, मन से मुझको भजता रह तु

जो त्याग दे सारे राग - द्वेष को, अंत में मुझको पा जाए तु।११।

मै ही शिव हूं मै ही ब्रम्हा मै जीवन और मै मरण हूं

मै कर्म हूं मै धर्म हूं, मै ही दिन ओर मै रात हूं

मै अंधियारा मै उजियारा, मै ही जगत का पालनहारा

जो अंत समय तक मुझको भजता,जन्म मरण से मुक्ति पाता ।१२।

-----आशुतोष -----

हर प्राणी का जीव भी मै हूं, आदि मध्य और अंत भी मै हूं

मै वेदों मै सामवेद हूं, देवधिपती देवराज हूं

मै एकाक्षर ओंकार ही, महर्षियों मै मुझे भृगु जान तु
स्थिरता में मै हिमाज हूं, जलस्रोतों में समुद्र जान तु ।१३।
सब रुद्रों में मै शंकर हूं, परमपिता ब्रह्मा भी मै हूं
सब वृक्षों में मै पीपल हूं, देव ऋषि नारद भी मै हूं
सब गायों मै कामधेनु हूं हाथी में एरावत मै हूं
सब पितरों में अर्यमा हूं में, संतानोत्पत्ति कामदेव हूं।१४।
मै नागो में शेषनाग हूं और सांपो में वासुकी मै हूं
पशुओं में वनराज सिंह हूं, पक्षीराज गरुड़ भी मै हूं
मै पवन हूं मै ही जल हूं, नदियों में मै गंगाजी हूं
सृष्टि का करता भी मै हूं, आदि अंत और मध्य भी मै हूं ।१५।
सब ऋतुओं में मै वसंत ऋतु मै, छंदों में गायत्री छंद हूं
सब भावों में मौन भाव हूं और ज्ञान मै तत्वज्ञान हूं
सब कवियों में शुक्र कवि मै और मुनियों मै वेदव्यास मै
यदुवंश में वासुदेव मै, और सब पांडव में अर्जुन मै हूं ।१६।
-----आशुतोष -----
इस जग मै जितनी वस्तु, उसमे केवल मुझे जान तु
मेरा कोई अंत नहीं है, ये तो बस संक्षेप जान तु
सम्पूर्ण जगत में मेरा वासा, अर्जुन केवल मुझे जान तु
यह मेरी है आज्ञा तुजको गांडीव उठाकर चला बाण तु।१७।
है मुरलीधर है बंशीधर है कृष्ण और है गोपाला
हाथ जोड़ कर देवकीनंदन एक निवेदन करता हूं मै
सुनकर सब उपदेश आपके नष्ट हुआ अज्ञान है सारा
अब दर्शन दो उस विराट रूप के, करबद्ध निवेदन करता हूं मै।१८।
है धनुर्धर, है कुंतिपुत्र, है पार्थ, है अर्जुन करले
है सैकड़ों रूप जो मेरे, सब रूपो के दर्शन करले
अदिति के द्वादश पुत्रो का, सब रूद्रो का दर्शन करले
मुझमें ही ब्रह्माण्ड है बसता, सम्पूर्ण जगत के दर्शन करले ।१९।
देखके उस विराट रूप को, हाथ जोड़ कर अर्जुन बोला
देख रहा हूं सब भूतो को, कमल विराजित ब्रह्माजी को

देख रहा मै महादेव को, दिव्य सर्पो को देख रहा मै
देख रहा हूं सब ऋषियों को, प्रणाम स्वीकारों करता हूं मै।२०।
-----आशुतोष -----

अनेक भूजा और अनेक पेट है, अनेक मुख और अनेक नेत्र है
है अनंत रूप हे विश्वरूप, ना आदि है ना कोई अंत
हो मुकुट युक्त हो गदा युक्त हो चक्र युक्त हो प्रकाश पुंज
हो परमाक्षर हो परब्रह्म हो धर्म के रक्षक अविनाशी तुम।२१।
करते हो आकाश स्पर्श, हो वर्ण युक्त है फैला मुख
है हाथ बहुत है पैर बहुत, है जांघ बहुत है दाढ़ बहुत
व्याकुल हूं मै व्याकुल है सब, देख के ये विकराल स्वरूप
मै हूं भयभीत सुख से वंचित देख के ये विकराल रूप ।२२।
ज्यो कीट पतंगें अग्निं में, ज्यू नदिया गिरती सागर में
देख रहा हूं एक एक करके सब गिरते जाते है तुममें
धृतराष्ट्र गिरे है गिरे द्रोण है, गिरे पितामाह गिरा कर्ण है
मै कर प्रणाम ये पूछ रहा हूं, उग्र रूप में आप कौन है।२३।
मै पालक मै संहारक हूं, तु साधन ओर मै साधक हूं
मै लोको का नाश करूंगा, बढ़ा हुआ मै महाकाल हूं
मरना तो इनको होगा ही, अंत तो मै ही तय करता हूं
तु यदि सुनना चाहता है यशगान,गांडीव उठा ओर चला बाण।२४।
-----आशुतोष -----

है सच्चिदानंद है परमेश्वर है देवकीनंदन है नंदलाला
देख तुम्हारे विराट रूप को कुछ प्रश्नों से जूझ रहा हूं
कौन उपासक तुमको पाता कौन तुम्हारा भक्त कहाता
कोई कैसे तुममें ध्यान लगाए, कोई कैसे तुमको है पा जाए।२५।
मुझमें सब कर्मो को अर्पण करता, भक्ति योग से मुझको भजता
जो सुख रहित जो दुख रहित जो हर्ष रहित जो शोक रहित
जो परे है निंदा स्तुति के, जो है ममता और आसक्त रहित
जो मन से है मुझको भजता, वो ही मेरा भक्त कहाता।२६।
है सच्चिदानंद है परमेश्वर है देवकीनंदन है नंदलाल

कान में मेरे अमृत घोलो, कर्म अकर्म के भेद तुम खोलो
क्या ज्ञान है क्या अज्ञान इनका भी कुछ भेद तुम खोलो
श्रीमुख से उपदेश सुनाकर ज्ञान के चक्षु मेरे खोलो।२७।
हो अभिमान मुक्त हो दंभमुक्त आशक्ती रहित अहंकार मुक्त
मन वाणी में सरलभाव हो जिसके हृदय मै क्षमाभाव हो
मन अध्यात्म ज्ञान में स्थित हो और केवल मुझमें रमता हो
बस इन कर्मो को ज्ञान मान बाकी सब अज्ञान जान।२८।
-----आशुतोष -----
है अर्जुन है पार्थ तु मुझसे कुछ और ज्ञान की बाते सुनले
काम क्रोद्ध और मोह तीनों ही, नर्क द्वार है इनको तजदे
वैराग्य भाव को जाग्रत करके, सुख दुख को बस एक समझले
सभी कामना वश में करके परम धाम को प्राप्त तु करले ।२९।
इन उपदेशों का सार जान तु, अर्जुन मेरा कहा मान तु
काम क्रोध और मोह त्याग तू, केवल मुझको सत्य जान तु
त्याग के फल की चिंता केवल कर्म को अपने करता रह तु
है रणभूमि में खड़ा पार्थ तु,गांडीव उठाकर चला बाण तु।३०।
है मुरलीधर है बंशीधर है कृष्ण और है गोपाला
है सच्चिदानंद है परमेश्वर है देवकीनंदन है नंदलाला
कृपा आपकी बरसी मुजपर ,अब मै केवल कर्म करूंगा
गांडीव उठाकर अब मै वापस, खीच प्रत्यंचा बाण चलूंगा।३१।
----- आशुतोष ' अनपढ़ ' ------

9. द्वारिका

केशव से मिलने पहुंचा है दुर्योधन द्वारका में
संग अहंकार भी लाया है दुर्योधन द्वारका में
माधव है निद्रा में लीन, वो जा बैठा सिरहाने पे
अर्जुन भी मिलने आया , हुआ खड़ा पाव में माधव के ।१।
टूटी निद्रा, आंख खुली, अर्जुन से तब नजर मिली
कहो पार्थ कैसे आए हो, क्या कोई संदेशा लाए हो
दिल खोल के अपनी बात कहो मुझसे सारी व्यथा कहो
कैसी है माता, कैसे है भाई मुझसे सबके हाल कहो ।२।
पीछे से दुर्योधन बोला, मैं इससे पहले आया हूं
छोड़ पार्थ को माधव पहले दुर्योधन की बात सुनो
तुम याचक हो मैं दाता हूं, पहले वाणी पर संयम कर लो
जिस अहंकार को संग लाए हो, पहले उसको दूर करो ।३।
मै भी हूं सेना भी है, पार्थ एक को तुम चुनलो
नहीं चाहिए सेना मुजको, बस मेरे रथ को तुम हांको
बनो सारथी मेरे माधव, कुरुक्षेत्र में साथ रहो
दुर्योधन को देदो सेना, बस तुम मेरे साथ रहो।४।
विजय स्वयं की जान दुर्योधन मन ही मन मुसकाया था
माधव की मायावी माया वो पहचान ना पाया था
हरि ने जिसको थाम लिया या जिसने हरि को थाम लिया
ऐसा कोई युद्ध नहीं फिर जिसमे हो वो हार गया।५।
अहंकार मैं अंधा अपनी हार देख ना पाया था
कुरुक्षेत्र से नहीं पराजय द्वारिका से लाया था
दंभी दुर्योधन उस दिन ये बात समझ ना पाया था
हार द्वारिका से लिखवाकर हस्तिनापुर को आया था।५।
------ आशुतोष ' अनपढ़ ' -------

10. चीरहरण

पूछ रही है रूकमण हरि से, ये कैसा है नारी जीवन
नारी निर्वस्त्र भरी सभा में, सबकी नज़रों में वो है केवल तन
जो हार गए पत्नी जुएं में, हांक रहे तुम क्यों उनका रथ ।१।
रुक्मणि से बोले कान्हा

सुनो रुक्मणि शायद तुमने, अब तक मुझको ना पहचाना
सदा धर्म के साथ रहूं मै, विधर्मियो का नाश करू मै
भरी सभा में द्रुपद सुता का, हो रहा था चीरहरण जब
ना की कोई माया, ना साध्य था भेजा, स्वयं मदद को पहुंचा था मै
।२।

अर्जुन रथ की क्या बात करो तुम, पांडव सारे हांक सकू मै
पांडवो की उस गलती को, लेकिन बोलो कैसे माफ करू मै
भूल गई हो शायद रूकमण, एक प्रतिज्ञा ली है मैंने
अर्जुन का बस रथ हाकुंगा, शस्त्र कभी ना हाथ में लूंगा ।३।
अपना युद्ध वो स्वयं लड़ेंगे, मुझसे मदद ना ले पाएंगे
जो नारी का सम्मान करेंगे, बस कृष्ण मदद वो ले पाएंगे
मेरी कितनी भी जग भक्ति करले, एक बात का ध्यान धरे जग
जहा नारी का सम्मान ना होगा, वहां मेरा कभी निवास ना होगा
।४।
------ आशुतोष ' अनपढ़ ' -------

11. कर्मफल

बाणों की शैया पर लेटे, आज्ञा देते वो मृत्यु को
अभी निकट ना मेरे आना, एक प्रश्न का उत्तर पाना है
उस मुरलीधर को जाके बोलो, भीष्म से मिलने आना है ।१।
जिसकी आज्ञा मृत्यु माने, उसको कैसे टाले बंशिवाला
दौड़ के आया रण भूमि में, क्या आज्ञा है भीष्म पितामह
मुरलीधर को कर प्रणाम भीष्म ने फिर किया सवाल
क्या अपराध था बोलो मेरा, है देवकी नंदन है नंदलाल
तुम भी थे अर्जुन भी था, फिर शिखंडी ने क्यों भेदे प्राण।२।
गंगापुत्र से बोले माधव गंगा पुत्र से बोले माधव
जो जैसा यहां कर्म है करता, उसको वैसा फल मिलता है
भरी सभा में याद करो तुम कैसे चीर हरण चलता है
किसी और से कुछ उम्मीद ना थी, पर आपसे वो उम्मीद ना थी
हस्तिनापुर का भीष्म पितामह, नपुंसक भांति मौन खड़ा था
कुरूवंश का भीष्म पितामह, नपुंसक भांति मौन खड़ा था
इसीलिए तो मेरे रथ से, प्राण शिखंडी भेद रहा था।३।
------ आशुतोष ' अनपढ़ ' -------

12. अभिमन्यु

रणभूमि का तेरवाह दिन और चक्रव्यूह था सजा हुआ
अर्जुन और कृष्ण वहा नहीं थे, था पांडव खेमा डरा हुआ
तब पीछे से एक बालक बोला, भेद इसे मै जाऊंगा
सुन बालक के वचन वहां था जोश का फिर संचार हुआ ।१।
बाबा मां को बता रहे थे विधि चक्रव्यूह को भेदन की
चक्रव्यूह में जब तक पहुंचे, मां को आ गई निद्रा थी
और गर्भ में अभिमन्यु ने, बस पाई इतनी शिक्षा थी
लेकिन साहस इस शिक्षा में उसका वहां सहायक था
रण क्षेत्र में सबसे छोटा, उस दिन सभी बड़ों का नायक था ।२।
एक एक करके चक्रव्यूह के वो छह चरणों को भेद गया
वहां द्रोण के बाणों से वो थक कर के था चूर हुआ
और कर्ण के बाणों से था रथ का पहिया टूट गया
जयद्रथ की तलवार से वो फिर वीरगति को प्राप्त हुआ
साहस के इतिहास में खुदको स्वर्णाक्षर में छाप गया ।३।
------ आशुतोष ' अनपढ़ ' ------

13. अर्जुन प्रतिज्ञा

है मिली सूचना अर्जुन को, पुत्र है मारा गया
भेद कर के चक्रव्यूह को अभिमन्यु मारा गया
काली रात से काले कपट से सूर्य उसका अस्त हुआ
फूल को डाली से तोड़ जयद्रथ बड़ा हर्षित हुआ
पार्थ ने ली है प्रतिज्ञा , अब एक ही जीवित बचेगा
सूर्यास्त के बाद वहां पार्थ या जयद्रथ रहेगा ।४।
मित्र की प्रतिज्ञा सुन माधव भी घबराए थे
बिन पार्थ के क्या पांडव यह युद्ध जीत भी पाएंगे
धर्म की रक्षा हेतु अब, जयद्रथ को मरना होगा
मित्र की रक्षार्थ युद्ध में मुझको भी आना होगा।५।
रणक्षेत्र फिर से है सजा, है पांचजन्य बज रहा
दिखी गुरु द्रोण की धूत क्रिया, जयद्रथ कही न दिख रहा
बाणों से बाण टकरा रहे, टकरा रहे वीरों से वीर,
रक्तरंजित थी धरा, भय भी था भयभीत खड़ा
बाण अर्जुन के थे प्यासे, ढूंढते जयद्रथ वहां ।६।
वक्त का था क्या कसूर, उसको अब ढलना ही था
अग्नि में जाने को अब, पार्थ भी तैयार था
कौरवों में हर्ष का, और पांडवों में शोक का हो रहा संचार था
माधव का तो युद्ध में, आना अभी बाकी ही था ।७।
माधव जिसके संग खड़े , क्या हार कभी वो सकता है
त्रैलोक्यनाथ की आज्ञा को क्या, कोई टाल भी सकता है
एक इशारा माधव का और बादल में जा सूर्य छुपा
अति शोक या अति हर्ष हो, अति सदा ही वर्जित है
सूर्यास्त को जान वहा जयद्रथ हुआ अति हर्षित था
त्याग गुरु द्रोण की रक्षा को, हुआ आन सम्मुख खड़ा

हर्षित सूर्य हर्षित कृष्ण, हर्षित थे पांडव सारे
एक इशारा केशव का , बादल से सूर्य निकल आए ।८।
पुत्र शोक में जो अर्जुन , था वहां निश्तेज खड़ा
देखके जयद्रथ को सम्मुख, प्राण का संचार हुआ
गांडीव उठाकर, बाण लगाकर, उसने प्रत्यंचा को खिचा जो
आंखों में क्रोध उतर आया, था चेहरा क्रोध से लाल हुआ
देख पिता के रौद्र रूप को, हर कोई था वहां डरा हुआ
जयद्रथ का सर अलग हुआ, अर्जुन का व्रत पूर्ण हुआ
रोए पार्थ या पार्थ हसे ये प्रश्न था सम्मुख खड़ा ।९।
----- आशुतोष ' अनपढ़ ' ------

14. अभागा कर्ण

मैं सूर्य देव का, सूक्ष्म सा एक अंश हूं
मां के कौतूहल का अनकहा एक दर्द हूं
लोक लाज के लिए जननी से भी त्यक्त हूं,
मैं अभागा कर्ण हूं, मैं अभागा कर्ण हूं ।१।
देवकी है कुंती मेरी, मैं तो राधे पुत्र हूं
क्षत्रिय चाहे कुल हो मेरा, कहलाता सूतपुत्र हूं
योग्यता हो चाहे मुझमें पर विद्या से मैं त्यक्त हूं
मैं अभागा कर्ण हूं, मैं अभागा कर्ण हूं ।२।
द्रोण ने त्यागा मुझे बोले शुद्र वर्ण हु
परशुराम ने श्राप दिया बोले क्षत्रिय वर्ण हूं
हे माधव अब तुम्ही बताओ मैं कोन वर्ण हूं
मैं अभागा कर्ण हूं, मैं अभागा कर्ण हूं ।३।
धर्म अधर्म का युद्ध खड़ा, मैं मित्र के संग हु
मित्र धर्म अधर्म है तो मैं अधर्म संग हु
जननी को पुत्र दान दू वो अभागा कर्ण हु
मैं अभागा कर्ण हूं, मैं अभागा कर्ण हूं ।४।
हर बाण को माधव आंके, धनुर्धारी कर्ण हूं
कवच कुंडल दान देदू, अंगराज कर्ण हूं
भूल गया अपनी विद्या को खड़ा युद्ध निशस्त्र हूं
धसा धूल में पहिया मेरा, बेबस बलहीन कर्ण हूं
अपने अनुज के बाण से हारा, बेसुध अग्रज कर्ण हूं
मैं अभागा कर्ण हूं, मैं अभागा कर्ण हूं ।५।
----- आशुतोष ' अनपढ़ ' ------

15. सिंहासन

जिस सिंहासन के कारण था महाभारत का युद्ध हुआ
उसी तरफ अब धर्मराज ने अपना पहला कदम रखा
एक सुकून चेहरे पे था जो विजय वरण का घोतक था
धर्म विजित और अधर्म पराजित सबको एक संदेशा था ।१।
छोड़ा था जब इस महल को, चारो ओर कोलाहल था
लेकिन आज वहां पर केवल पसरा हुआ सन्नाटा था
ना भाई दिखे ना गुरु वहा न भीष्म पितामह दिखे वहां
ना ढोल नगाड़े, ना विजय तिलक, पसरा था केवल रूदन वहां ।२।
श्री कृष्ण को हाथ जोड़कर धर्मराज ने किए सवाल
हैं माधव यदि धर्म विजित था तो फिर क्यों है रूदन यहां
है माधव यदि अधर्म पराजित तो फिर क्यों है शोक यहां
युद्ध यदि है कारण इसका , इससे तो बेहतर वन था ।३।
धर्मराज से बोले माधव, राजन थोड़ा धीर धरें
युद्ध कभी भी शांति का पर्याय नहीं हो सकता है
लेकिन केवल शांति से सब हल नहीं हो सकता है
धर्म स्थापना हेतु हमको युद्ध भी लड़ना पड़ता है
और अपनो को खोने का हमे दर्द भी सहना पड़ता है ।४।
धर्म ध्वजा संभालो राजन, अधर्म ना बढ़ने पाए अब
कोई द्रुपद सुता सभा में निर्वस्त्र ना होने पाए अब
जिनको शोक हुआ है राजन जाकर सबका शोक हरो
जो कार्य दिया है काल ने तुमको, तुम उसको जाकर पूर्ण करो ।४।
----- आशुतोष ' अनपढ़ ' ------

16. सुदामा

आया देखो आज सुदामा मिलने कृष्ण की नगरी में
बोला द्वारपाल से जाकर मुझे कृष्ण से मिलना है
देख के उनको द्वारपाल तब हस्ते हस्ते लोट गया
और अपमान को पी कर ब्राह्मण वापस उल्टा लौट गया ।१।
सुनकर आगंतुक का नाम, व्याकुल बाहर दौड़े श्याम
ना खड़ाऊ ना वस्त्र का भान, मित्र से मिलने दौड़े श्याम
जो दौड़ रहा व्याकुल गलियों में, नहीं द्वरिकाधीश था
वो तो अपने बाल सखा का कान्हा या जगदीश था ।२।
एक दूजे को देख रही वो चारों आंखें प्यासी थी
जहां गिरे अश्रु दोनों के वो धरा भी किस्मत वाली थी
आंख से गिरता हर एक आंसू विरह वेदना गाता था
गिरने गिरते हर वो आंसू दर्द घटाता जाता था ।३।
दोनों भीतर आए महल में देखो कैसे बैठे है
सिंहासन पर विप्र विराजे भगवन नीचे बैठे है
अपने प्रभु को देख सुदामा भक्ति में खो जाते है
चरण पखारे कान्हा अपने भक्त में वो रम जाते है ।४।
सोच रहे है मित्र सुदामा कैसे तंदुल हरि को भेंट करे
भांप के अपने बंधु का मन तंदुल हरि ने छीन लिए
तंदुल की एक एक मुट्ठी पर लोक हरि ने वार दिए
स्वर्गलोक भी वारा हरि ने पृथ्वीलोक भी वार दिया
वारने वाले थे वैकुंठ को, श्री ने हरि को थाम लिया ।५।
कृष्ण सुदामा की जोड़ी ने हमको ये संदेश दिया
मित्र बनो तो ऐसा बनना मित्र के मन को भांप सको
मित्र बनो तो ऐसा बनना मित्र पे सब कुछ त्याग सको
मित्र बनो तो ऐसा बनना, मित्र को दे सम्मान सको

दिल में अपने कृष्ण को रखना, सदा अनुकरण उनका करना
जो कभी द्वार सुदामा आए तुम्हारे, अपनाने में संकोच ना करना
।६।

----- आशुतोष ' अनपढ़ ' ------

17. धर्मराज

चलते चलते धर्मराज बस आगे बढ़ते जाते थे
एक एक करके सारे पांडव पीछे गिरते जाते थे
चलते चलते धर्मराज जब स्वर्ग द्वार तक पहुंच गए
देखा भीतर स्वर्ग भवन में सारे कौरव बैठे थे
और कुंती पुत्रो में केवल धर्मराज ही पहुंचे थे।१।
क्रोधित हो करके नेत्र लाल, पूछा देवराज से एक सवाल
धर्म साथ तो पांडव थे, और अधर्मी कौरव थे
फिर क्यों कौरव स्वर्ग मै है और बाकी पांडव यहां नहीं
देखोगे यदि धर्मशास्त्र, तो इन्द्र ये सच्चा न्याय नहीं ।२।
देखके क्रोधित धर्मराज को, देवराज उनसे बोले
काट मोह पाश के धागो को, भीतर आओ पहले आप
क्रोधित हो तुम धर्मराज, पहले थोड़ा धीर धरो
क्यों पांडव स्वर्ग नहीं पहुंचे, क्यों सारे कौरव यहां मिले
सब प्रश्नों का उत्तर दूंगा, तुम पहले अपनी थकन हरो ।३।
जो कौरव आज स्वर्ग मै है, इसका कारण है कुरुवंश
कुरुराज के कारण ही, भूमि पावन है कुरुक्षेत्र
अपने कर्मो को करते करते, जो गति वहां पर पाएगा
विष्णु के आशीर्वाद से वो, सीधा स्वर्ग को आएगा
इसीलिए ये सारे कौरव, तुम्हे स्वर्ग में मिलते है
और कर्मो के कारण पांडव बीच राह में गिरते है
छोड़के अपना क्रोध आप, भीतर आ जाओ धर्मराज।४।
जो मारे गुरु को धोखे से, उसको बोलो कैसे स्वर्ग मिले
तलवार नहीं वो भीष्म की थी, पर अर्ध सत्य तो उसका था
बाकी तीनों भाई तुम्हारे अथाह गर्व में चूर रहे
अर्जुन घमंड में धनुर्विद्या के, नकुल रूप में गर्वित था

सहदेव घमंडी ज्योतिष का, कैसे मै खोलू स्वर्ग द्वार
वो भी यहां होंगे धर्मराज, धोने दो पहले उनको पाप
काट मोह पाश के धागो को, भीतर आओ धर्मराज ।७।
----- आशुतोष ' अनपढ़ ' ------

सहदेव घमंडी ज्योतिष का, कैसे मै खोलू स्वर्ग द्वार
वो भी यहां होंगे धर्मराज, धोने दो पहले उनको पाप
काट मोह पाश के धागो को, भीतर आओ धर्मराज ।७।
----- आशुतोष ' अनपढ़ ' ------

बिखरे पुष्प

18. होली

तीखे तीखे नैनो से राधा मारती कटारिया
बदला फाल्गुन में लेवे श्याम भरके पिचकारियां
सूखी थी जो चोली कान्हा उसको भिगो गया
कोरी गोरी देह कान्हा अपने रंग में रंगा गया।१।
रंगे गोपियों के गाल पीले, राधा जी के लाल है
लाल लाल गालों पे मोहित नंदलाल है
मांग जो न भर पाया शायद उसका मलाल है
मांग से भी ज्यादा देखो गाल लाल लाल है ।२।
भीगी भीगी राधा करती मन से प्रणाम है
बरसाने होली की जान कान्हा जी बस आप है
रहो पूरे साल कान्हा द्वारिका में चाहे आप
फाग खेलन आओ गोकुल, राधा करती गुहार है ।३।
----- आशुतोष ' अनपढ़ ' ------

19. शिव रात्रि

गूंज उठा कैलाश आज,मधुर मधुर आवाज़ से
डमम डमम डमम डमम,डमरू की तान से
हिनहिना रहे है घोड़े, हाथी है चिंगाड़ते
और विनय फरियाद में, नंदी ये बोलते
बैठो महादेव आज, ले चलू हिमाचल राज ।१।
सुनके महादेव अपना रूप है संवारते
भूत वाला भेष धारे , बूढ़े बन जावते
पूरे शरीर पर,भस्म है लगावते
आंखे करी लाल लाल, वस्त्र मृग छाल है
देख के वो रूप नंदी, बोले फरियाद में
शादी है प्रभु आज, क्यों प्रेत वाला हाल है
जनेगी दुनिया आज, ये नटो का नटराज है ।२।
पहुंची बारात जब द्वार हिमाचल राज के
देखके बेहोश सास, रूपकों दामाद के
बोली तब पार्वती, मन में नटराज से
कल से धरो सब रूप, माफ करो आज तो
मै तो हूं जानूं तुमको , ये सब ना जानते
सुनके प्रिया की बात, बदले महादेव आज
रूप धरा ऐसा अब, जैसा ना संसार में
भूतो की टोली गई, आए देव सब साथ में
आए है ब्रम्हा लाए सरस्वती साथ में
आए है विष्णु लाए लक्ष्मी को साथ में
इन्द्र भी आए, आए कामदेव साथ में
नाचे है सारे देव, शिव की बारात में
बरसे है देखो पुष्प, शिव की बारात में

नाचे है चांद तारे, शिव की बारात में
हम भी सब नाचे आज शिव की बारात में
लगते है सुंदर शिव, शक्ति के साथ में।३।
----- आशुतोष ' अनपढ़ ' -----

20. श्री कृष्ण

जीवन मरण का भेद बताने जन्म लिया था कान्हा ने
कर्म अकर्म का भेद बताने जन्म लिया था कान्हा ने
क्या ज्ञान है क्या अज्ञान भेद बताया कान्हा ने
बिना कामना कर्म को करना हमें सिखाया कान्हा ने
खुदको खुदसे मिलवाने का ज्ञान बताया कान्हा ने
मित्र बनो तो कृष्ण सुदामा हमें बताया कान्हा ने
प्रेम करो तो राधा जैसा भान कराया कान्हा ने
भक्त बनो तो मीरा बनना हमें सिखाया कान्हा ने
गौ माता की सेवा करना हमें सिखाया कान्हा ने
भरी सभा में एक नारी का मान बचाया कान्हा ने
रणभूमि में गीता जैसे ज्ञान सुनाया कान्हा ने
------ आशुतोष ' अनपढ़ ' -------

www.ingramcontent.com/pod-product-compliance
Lightning Source LLC
Chambersburg PA
CBHW060229170726
48004CB00004BA/1490